BEI GRIN MACHT SICH IHR WISSEN BEZAHLT

AF167122

- Wir veröffentlichen Ihre Hausarbeit,
  Bachelor- und Masterarbeit

- Ihr eigenes eBook und Buch -
  weltweit in allen wichtigen Shops

- Verdienen Sie an jedem Verkauf

Jetzt bei www.GRIN.com hochladen
und kostenlos publizieren

Die Entstehung und Reproduktion von sozialer Bildungsungleichheit nach Pierre Bourdieu und Raymond Boudon

Wie entstehen Bildungsungleichheiten in der Schule und welche Rolle spielt das kulturelle Kapital dabei?

Yasin Özden

Bibliografische Information der Deutschen Nationalbibliothek:

Die Deutsche Nationalbibliothek verzeichnet diese Publikation in der Deutschen Nationalbibliografie; detaillierte bibliografische Daten sind im Internet über http://dnb.d-nb.de abrufbar.

ISBN: 9783346595829
Dieses Buch ist auch als E-Book erhältlich.

© GRIN Publishing GmbH
Nymphenburger Straße 86
80636 München

Druck und Bindung: Books on Demand GmbH, Norderstedt Germany
Gedruckt auf säurefreiem Papier aus verantwortungsvollen Quellen

Das vorliegende Werk wurde sorgfältig erarbeitet. Dennoch übernehmen Autoren und Verlag für die Richtigkeit von Angaben, Hinweisen, Links und Ratschlägen sowie eventuelle Druckfehler keine Haftung.

Das Buch bei GRIN: https://www.grin.com/document/1175874

Georg-August-Universität Göttingen   Sommersemester 2021

Sozialwissenschaftliche Fakultät

Institut für Soziologie

Die Entstehung und Reproduktion von sozialer Bildungsungleichheit nach Pierre Bourdieu und Raymond Boudon

„Wie entstehen Bildungsungleichheiten in der Schule und welche Rolle spielt die Kultur dabei?"

Seminararbeit im Modul B.Soz.700.Mp:

Exemplarische Studien der Kultursoziologie

Vorgelegt am 15.09.2021 von:

Yasin Özden

Studiengang: 2-Fächer Bachelor Sportwissenschaft und Soziologie

Semester: 8. Semester

Inhaltsverzeichnis

1. Einleitung 1

2. Die Kapitaltheorie von Pierre Bourdieu 2
2.1 Der Habitus 2
2.2 Die Kapitalarten nach Pierre Bourdieu 3

3. Raymond Boudons Theorie der Herkunftseffekte 5
3.1 Primäre Herkunftseffekte 6
3.2 Sekundäre Herkunftseffekte 6

4. Entstehung und Reproduktion von Bildungsungleichheiten nach Bourdieu und
Passeron 7
4.1 Das soziale Feld der Schule 7
4.2 Der primäre und sekundäre Habitus 8
4.3 Die Folgen der Unterschiedlichkeit in der kulturellen Passung 9
4.4 Die Funktion der Schule bei der Reproduktion von Bildungsungleichheiten 10

5. Auswirkungen der primären Herkunftseffekte auf die Bildungsungleichheit 10
5.1 Unterschiede in der Förderung des Lernerfolgs 11
5.2 Die Bedeutsamkeit der Sprache 11

6. Auswirkungen der sekundären Herkunftseffekte auf die Bildungsungleichheit 12
6.1 Bildungsentscheidungen in Abhängigkeit zur sozialen Position 12
6.2 Bildungsentscheidungen in Abhängigkeit vom Wissen über das Bildungssystem 13

7. Fazit 14

Literaturverzeichnis 16

1. Einleitung

Der Schulerfolg ist nur einer von vielen Aspekten von Bildung. Jedoch kann dieser für Schülerinnen und Schüler einen großen Einfluss auf das zukünftige Leben haben. Schulerfolg, in Form von Bildungszertifikaten, legt den Grundstein für die weitere schulische und berufliche Laufbahn. Dabei ist bezüglich der Lebenschancen und Lebensqualität kein Bildungsabschluss bedeutender als der Sekundarschulabschluss. Durch ihn werden für viele Schüler*innen weiterführende Bildungsmöglichkeiten geschaffen, aber auf der anderen Seite auch verwehrt. Das hat zur Folge, dass der Sekundarschulabschluss neben den weiteren Bildungsmöglichkeiten ebenso die zukünftige berufliche Stellung oder auch das Einkommen stark beeinflussen kann. All diese Faktoren wirken sich zudem auf die allgemeine Gesundheit eines Menschen aus. Das Problem dabei ist, dass bestimmte Gruppen von Schüler*innen im Bildungssystem geringere Bildungschancen haben als andere.

Diese Arbeit beschäftigt sich deswegen mit der Frage, wie soziale Bildungsungleichheiten entstehen und welche Faktoren den Bildungserfolg in der Schule beeinflussen. Um diese Frage zu beantworten, werden die Kapitaltheorie von Pierre Bourdieu und die Unterscheidung der primären und sekundären Herkunftseffekte von Raymond Boudon zur Hilfe genommen.

Im ersten Teil dieser Arbeit sollen die die Grundlagen der Theorien von Pierre Bourdieu und Raymond Boudon dargestellt werden. In der Kulturtheorie von Bourdieu werden dazu die Kapitalarten und der Habitus erläutert. Im Anschluss daran wird die Theorie von Raymond Boudon zu den sozialen Herkunftseffekten thematisiert. Dabei werden die primären und sekundären Herkunftseffekte behandelt. In zweiten Teil dieser Arbeit sollen die zuvor dargestellten Theorien auf die Bildungsungleichheiten in der Schule angewendet werden. Zunächst wird deshalb die Schule in Anlehnung an Bourdieu als soziales Feld interpretiert. Im nächsten Schritt wird mithilfe der Begriffserklärungen des primären und sekundären Habitus und der kulturellen Passung dargestellt, inwiefern die Schule nach Bourdieu und Passeron an der Reproduktion von Bildungsungleichheiten beteiligt ist. Im Anschluss daran werden die Auswirkungen der primären und sekundären Herkunftseffekte auf die Bildungsungleichheit thematisiert. Dabei konzentriert sich dieser Teil der Arbeit besonders auf Unterschiede in den Bildungsentscheidungen und der Lernförderung, die stark durch die schichtspezifische Kapitalausstattung beeinflusst wird.

1

2. Die Kapitaltheorie von Pierre Bourdieu

Der Soziologe Pierre Bourdieu ist in der Bildungssoziologie vor allem durch sein Hauptwerk „Die feinen Unterschiede" (1982) bekannt. Dieses Werk hat sich unter anderem mit der Reproduktion von sozialer Ungleichheit über Bildung und den klassenspezifischen Habitus beschäftigt. Bourdieu geht allgemein davon aus, dass sich die Sozialstruktur moderner Gesellschaften über die Verfügbarkeit von Kapital darstellen lässt. Er unterscheidet dabei zwischen dem ökonomischen, dem sozialen und dem kulturellen Kapital. Nach Bourdieus Kulturtheorie findet eine Reproduktion ungleicher Verteilung dieser unterschiedlichen Kapitalarten statt. Diese Reproduktion der Ungleichheiten vollziehe sich, indem Familien mit hoher Kapitalausstattung ihre Ressourcen an ihre Kinder vererben (vgl. Becker 2011: S. 482).

Neben dem Begriff des Kapitals sind der Habitus und das soziale Feld entscheidende Begriffe seiner Theorie. Nach Bourdieu handeln Menschen in bestimmten sozialen Feldern. Die Struktur des sozialen Felds schränkt dabei die Handlungsmöglichkeiten der Menschen innerhalb dieses Feldes ein. Diese Zwänge entstehen einerseits durch begrenzte Verfügbarkeit von Ressourcen und andererseits durch spezielle Regeln, die innerhalb eines Feldes wirken. Diese Ressourcen werden von Bourdieu als Kapital bezeichnet. Der Umgang mit diesen Ressourcen hängt vom jeweiligen Habitus der Person ab (vgl. Nauck 2011: S. 74).

Die Begriffe des ökonomischen, sozialen und kulturellen Kapitals, als auch der Begriff Habitus werden im Folgenden ersten theoretischen Teil erläutert.

2.1 Der Habitus

Das Konzept des Habitus ist in Bourdieus Theorie sehr zentral. Der theoretische Rahmen des Habitus wird von Bourdieu sozialer Raum genannt. In diesem sozialen Raum wird die „soziale Welt als mehrdimensionaler Raum verstanden, der nach spezifischen Unterscheidungsprinzipien Subjekten und Gruppierungen unterschiedliche Positionen zuweist" (Kramer 2017: S. 195). Der soziale Raum ist ein dynamisches Konstrukt, in dem ständig symbolische Kämpfe, in denen es um die Wertschätzung oder Verbesserung der eigenen Position geht. Diese symbolischen Kämpfe werden mithilfe des kulturellen, ökonomischen und sozialen Kapitals geführt (vgl. Kramer 2017: S. 195).

Der Habitus einer Person umfasst nach Bourdieu die Gewohnheiten einer Person. Diese Gewohnheiten entstehen durch das Einüben bestimmter Denk-, Wahrnehmungs- oder Handlungsweisen im sozialen Umfeld, vor allem im Sozialisationsprozess. Der Habitus wirkt auf das Handeln, das Denken und das Wahrnehmen eines Individuums. Er kann in Verbindung mit dem Bewusstsein angepasst werden, dies kann jedoch nicht bewusst oder beliebig geschehen. Die Grundlage für den Habitus ist das soziale Umfeld. Im sozialen Umfeld werden Habitusformen durch das Einüben individueller Denk-, Wahrnehmungs- und Handlungsweisen erzeugt. Bourdieu beschreibt diese Habitusformen auch als System dauerhafter Dispositionen. Die Bildung des Systems „geschieht in einem vielschichtigen und dialektischen Prozess" (Fröhlich & Rehbein 2009: S. 112). Es wird deutlich, dass der Habitus nicht nur aus einer Disposition, sondern aus mehreren Dispositionen, einer Art System von Dispositionen besteht, dass sich aus vielen unterschiedlichen Interaktionen im sozialen Umfeld entwickelt. Die individuellen Eigenarten des Habitus, die in der Praxis erzeugt werden, fließen jedoch nicht direkt in den Habitus des Menschen ein. Da es sich um ein System von Dispositionen handelt, müssen neu erworbene Züge des Handelns, Denkens und Wahrnehmens eines Individuums zuerst transformiert werden, bevor sie in das Habitus-System einfließen. Diese Transformation ist notwendig, weil die neu erworbenen Dispositionen in das vorhandene System des Habitus passen müssen. Es muss jedoch verdeutlicht werden, dass der Habitus „[...] kein Schema für einzelne Bewegungsabläufe, Handlungen, Sätze oder Gedanken [ist]" (Fröhlich & Rehbein 2009: S. 112). Der Habitus wird von Bourdieu eher als eine Art und Weise des Handelns beschrieben. Mit der Aneignung von Dispositionen eignet sich das Individuum nicht spezielle Handlungen, sondern ein Schema an. Dieses Schema ist auf andere Situationen übertragbar und kann in unterschiedlichen Variationen angewendet werden. Dadurch entwickelt ein Individuum einen eigenen Stil, welcher die Basis für den Habitus bildet. In Bourdieus Beispielen zum Habitus wird deutlich, dass der Habitus im Alltag oft als Talent wahrgenommen beziehungsweise beschrieben wird. Der Habitus äußert sich demnach beispielsweise in der Art und Weise wie ein Individuum Fußball spielt. Gute Fußballer*innen wissen, in welcher Situation sie wo stehen müssen, um dem eigenen Team zu nützen. Sie wissen, welche Bewegungen und Tricks zu welchem Zeitpunkt angebracht oder unangebracht sind. Ebenso ist ihnen bewusst, welche Verhaltensweisen sie anwenden müssen, um sich einen legalen, entscheidenden Vorteil gegenüber den Gegenspieler*innen zu erspielen. Diese unterschiedlichen Verhaltens-, Wahrnehmungs-, und Denkweisen beherrschen die Spieler*innen jedoch unbewusst, weil sie diese in ihrem Habitus als Schemata inkorporiert haben (vgl. Fröhlich & Rehbein 2009: S. 111f.).

2.2 Die Kapitalarten nach Pierre Bourdieu

Bourdieu differenziert das Kapital in ökonomisches, soziales und kulturelles Kapital. Das ökonomische Kapital umfasst verschiedene Formen des materialistischen Reichtums. Dazu zählen beispielsweise Produktionsmittel oder Land. Das ökonomische Kapital zeichnet sich dadurch aus, dass es direkt in Geld umwandelbar und im Eigentumsrecht institutionalisiert ist (vgl. Frölich & Rehbein 2009: S. 137).

Das soziale Kapital, auch Sozialkapital genannt, beschreibt die Gesamtheit der Ressourcen, die sich aus dem sozialen Beziehungsgefüge einer Person ergeben. Dabei kann es sich einerseits um aktuelle, aber andererseits auch um potenzielle Ressourcen handeln. Diese Ressourcen sind mit „mehr oder weniger institutionalisierten Beziehungen gegenseitigen Kennens und Anerkennens verbunden" (Bourdieu 1983: S. 190). Das bedeutet, dass eine Person Zugang zu diesen Ressourcen hat, weil sie einer bestimmten Gruppe zugehörig ist, in welcher sich die Gruppenmitglieder gegenseitig anerkennen. Wie groß der Umfang des Sozialkapitals ist, hängt einerseits natürlich davon ab, wie viele soziale Beziehungen die Person besitzt, aber andererseits auch davon, wie umfangreich die Personen aus seinen Beziehungsgefügen mit ökonomischem oder kulturellem Kapital ausgestattet sind. Des Weiteren betont Bourdieu, dass dieses Beziehungsnetzwerke „das Produkt individueller oder kollektiver Investitionsstrategien [sind], die bewusst oder unbewusst auf die Schaffung und Erhaltung von Sozialbeziehungen gerichtet sind" (Bourdieu 1983: S .192). Dadurch wird deutlich, dass die sozialen Beziehungen, durch die eine Person soziales Kapital generiert, nicht von alleine gegeben sind, sondern durch Investitionsstrategien des Individuums produziert wurden und anschließend reproduziert werden (vgl. Bourdieu 1983: S. 190ff.).

Das kulturelle Kapital existiert nach Bourdieu in drei Formen. Es kann in verinnerlichtem Zustand, in objektiviertem Zustand oder in institutionalisiertem Zustand auftreten. Das verinnerlichte Kapital, auch inkorporiertes Kapital genannt, bezeichnet dauerhafte, verinnerlichte Dispositionen. Dazu zählen beispielsweise kulturelle Fähigkeiten und Fertigkeiten, aber auch das Wissen, welches eine Person durch Bildung generiert. Diese Form des kulturellen Kapitals ist körpergebunden. Das bedeutet, dass inkorporiertes Kapitel selbst angeeignet werden muss, um es besitzen zu können. Es ist ein „Verinnerlichungsprozess" (Bourdieu 1983: S. 186) notwendig. Eine weitere Eigenschaft des inkorporierten Kapitals ist, dass eine bestimmte Lernzeit erforderlich ist, um es generieren zu können. Diese Lernzeit muss vom Individuum selbst investiert werden. Ein passendes Beispiel ist die Fähigkeit ein Instrument spielen zu können. Nach der Aneignung des verinnerlichten Kapitals wird es zum „festen Bestandteil der Person" (Bourdieu 1983: S. 186). Deswegen kann diese Form des Kulturkapitals beispielsweise nicht durch Verschenken oder Tausch übergeben werden (vgl. Bourdieu 1983: S. 185-187).

Kulturelles Kapital kann materiell weitergegeben werden. Jedoch kann nur das "juristische Eigentum" (Bourdieu 1983: S. 188) übertragen werden. Diese kulturellen Güter, wie zum

4

Beispiel ein Instrument oder eine Schreibmaschine, können zwar von Familien vererbt werden, benötigen aber eine Inkorporation. Das bedeutet, dass ein eigenständiger Verinnerlichungsprozess notwendig ist, damit Individuen sie als Ressource vollständig nutzen können. Beispielsweise kann ein Klavier zwar weitervererbt werden, aber die Fähigkeit dieses erklingen zu lassen, muss eigenständig inkorporiert werden. Hier wird die besondere Beziehung zu dem inkorporierten Kapital deutlich. Diese Form des kulturellen Kapitals wird objektiviertes Kapital genannt (vgl. Bourdieu 1983: S. 188f.).

Die dritte Form, in der das kulturelle Kapital auftreten kann, ist das institutionalisierte Kapital. Es bezeichnet vor allem Bildungszertifikate. Durch diese Bildungszertifikate wird inkorporiertes Kapital legitimiert und ihm institutionelle Anerkennung verliehen. Diese Form des Kapitals ermöglicht dem Träger beziehungsweise der Trägerin Zugang zu bestimmten sozialen Feldern. Beispielsweise erlaubt das Abitur einer Person den Zugang zu einer Universität (vgl. Fröhlich & Rehbein 2009: S. 137).

3. Raymond Boudons Theorie der Herkunftseffekte

Durch die Unterscheidung der Kapitalarten in ökonomisches, soziales und kulturelles Kapital ist es möglich, die für ein Individuum verfügbaren Ressourcen in einem bestimmten Feld zu klassifizieren. Zudem lassen sich die Strategien eines Individuums in einem bestimmten Feld, aufgrund des inkorporierten Habitus und der verfügbaren Kapitalausstattung beschreiben. Jedoch ist es durch Bourdieus Ansatz nur möglich, die möglichen Strategien eines Individuums zu beschreiben. In seiner Theorie wird nicht begründet, unter welchen Bedingungen ein Individuum eine bestimmte Strategie wählt. Deswegen ist Bourdieus Ansatz zwar gut dafür geeignet bestimmte soziale Phänomene zu beschreiben, aber sie nicht zu erklären (vgl. Nauck 2011: S. 77).

Daher wird im Folgenden Boudons Theorie der Herkunftseffekte dargestellt, um ergänzend zu Bourdieus Ansatz eine Theorie aus einer anderen Perspektive dafür zu nutzen, die Frage nach der Entstehung und Reproduktion von Bildungsungleichheiten in der Schule zu beantworten. Raymond Boudon gilt als Vertreter des Rational-Choice-Ansatzes und steht Bourdieus Position somit gegensätzlich gegenüber. In diesem Ansatz wird dem Individuum, anders als in Bourdieus, rationales und kalkulierendes Handeln zugesprochen. Dieses Handeln setzte ein Abwägen von Kosten und Nutzen voraus und ist nach den Vertretern des Rational-Choice-Ansatzes somit eine bewusste und intentionale Handlung. Die Grundidee und das Ziel des rationalen Handelns ist es, durch möglichst geringen Aufwand einen möglichst hohen Nutzen zu erwirtschaften. Um Bildungsungleichheiten zu erklären differenziert Boudon den Begriff der primären Herkunftseffekte und der sekundären Herkunftseffekte. Diese sollen im nächsten Kapitel näher beleuchtet werden (vgl. Kramer 2013: S. 122f.).

3.1 Primäre Herkunftseffekte

Mit dem Begriff der primären Herkunftseffekte werden nach Raymond Boudon Einflüsse der sozialen Herkunft bezeichnet, die als schichtspezifische, langfristige Wirkungen der Anregung und der Förderung im Prozess der Sozialisation zusammengefasst werden. Im Sozialisationsprozess wirken sich diese Einflüsse direkt auf die Kompetenzentwicklung der Schülerinnen und Schüler aus und beeinflussen somit auch deren schulischen Leistungen. Die soziale Herkunft wird von Boudon als kultureller Effekt beschrieben, welcher dafür verantwortlich ist, dass Schüler*innen aufgrund ihrer sozialen Herkunft ungleich auf die Bildungslaufbahnen verlagert werden. Mit diesen Einflüssen sind zum einen die Unterschiede der schichtspezifischen Vermittlungen der Sprachkultur gemeint. Zum anderen zählen aber auch die Unterschiede in der Vermittlung und Unterstützung der Lern- und der Bildungsmotivation zu den primären Herkunftseffekten. Nicht zu vergessen sind die schichtspezifischen Unterschiede in der Vermittlung von selbstständigem Lernen und Handeln, sowie den verinnerlichten Lerngewohnheiten der Schüler*innen (vgl. Becker 2004: S. 169f.).

3.2 Sekundäre Herkunftseffekte

Der sekundäre Herkunftseffekt ist unabhängig von der Kompetenzentwicklung der Schüler*innen, sondern bezieht sich auf die schichtspezifischen Differenzen der subjektiven Bewertung von Kosten und Nutzen. Diese Kosten-Nutzen-Rechnung wird von den Eltern in Bezug auf die Wahl der Bildungslaufbahn angewendet. Das bedeutet, dass Eltern abhängig von ihrer sozialen Lage unterschiedliche Bildungsentscheidungen für ihre Kinder treffen. Diese Entscheidungen hängen davon ab, welchen Bildungsweg wie Eltern der Schüler*innen als vorteilhafter ansehen. Nach Boudon werden die elterlichen Bildungsentscheidungen und Bildungsbestrebungen zudem von den vorhandenen Ressourcen der Eltern, aber vor allem von der sozialen Distanz zu den Bildungsstufen beeinflusst (vgl. Becker 2004: S. 170).

4. Entstehung und Reproduktion von Bildungsungleichheiten nach Bourdieu und Passeron

Bourdieu hat sich bereits in den 1960er Jahren in Zusammenarbeit mit Jean-Claude Passeron ausgiebig mit dem Bildungssystem in Frankreich auseinandergesetzt. Bei ihren Untersuchungen sind sie auf eindeutige Bildungsungleichheiten gestoßen. Die dabei entstandenen Thesen und Theorien sind in den auf Deutsch übersetzten Veröffentlichungen „Die Illusion der Chancengleichheit" (1971) und „Grundlagen einer Theorie der symbolischen Gewalt" (1973) publiziert worden. Die Untersuchungen sind einerseits aufgrund von statistischen Befunden entstanden, die gezeigt haben, dass unterprivilegierte Schüler*innen deutlich öfter an dem Bildungssystem scheitern. Zusätzlich waren für Bourdieu und Passeron Erklärungen für Bildungsungleichheiten, die sich lediglich auf die Schichtzugehörigkeit oder ausschließlich auf das Bildungssystem berufen, nicht ausreichend. Deshalb sollten diese beiden Überlegungen verknüpft behandelt werden (vgl. Kramer 2017: S. 187).

Nach Bourdieu und Passeron seien keine „schicht- und klassenspezifischen variierenden Begabungsreserven" (Becker 2011: S. 482) für die Reproduktion und Entstehung von Bildungsungleichheiten in der Schule verantwortlich, sondern in der Klassenstruktur einer modernen Gesellschaft. Sie behaupten, dass spezifische Mechanismen des Bildungssystems in Verbindung mit der Ausstattung des kulturellen Kapitals einen entscheidenden Einfluss auf die Entstehung sozialer Bildungsungleichheiten haben. Bourdieu und Passeron haben es sich deshalb zur Aufgabe gemacht, zu untersuchen, welchen Anteil das Bildungssystem durch das Mitwirken an der Reproduktion der Verteilungsstruktur des kulturellen Kapitals an der Entwicklung und Aufrechterhaltung von Bildungsungleichheiten in der Schule hat (vgl. Becker 2011: S. 482).

4.1 Das soziale Feld der Schule

Das Konstrukt des sozialen Feldes steht nah in Verbindung mit den Überlegungen Bourdieus zum sozialen Raum. Nach Bourdieu ist, wie bereits thematisiert, die Gesellschaft als sozialer Raum zu verstehen. Abhängig von der Kapitalausstattung einer Person, nimmt diese eine bestimmte Position im sozialen Raum ein. Nach dem gleichen Prinzip nehmen Individuen auch gewisse Positionen im sozialen Feld ein. Ein Feld wir generell als Bereich in der Gesellschaft beschrieben, in dem es darum geht, sich Kapitalressourcen anzueignen. Im Vordergrund des sozialen Feldes Schule steht das kulturelle Kapital, da das Aneignen und Besitzen von Kulturkapital in der Schule für die Schüler*innen eine sehr große Rolle für den Schulerfolg spielen. Das Aneignen von kulturellem Kapital im Unterricht ist die Grundlage für den Erwerb von guten Noten und Zeugnissen, also institutionalisierten Kulturkapital. Zudem ist es aber auch bedeutsam, inkorporiertes Kulturkapital zu erwerben, sich also eigenständig und mit Hilfe der Lehrer*innen Wissen und Fähigkeiten beizubringen und diese vor allem zu verinnerlichen. Die Lehrer*innen besitzen eine Autorität gegenüber den Schülerinnen und Schülern, welche sie durch ihre Ausstattung an Kulturkapital erlangt haben. Ihre Bildungszertifikate, also institutionalisiertes Kulturkapital, ihr Wissensvorsprung und die Fähigkeit, ihr Wissen zu vermitteln, welches beides Formen des inkorporierten Kulturkapitals darstellen, geben ihnen eine „pädagogische Autorität" (de Moll 2018: S. 77). Neben den Schüler*innen und Lehrer*innen gibt es noch weitere wichtige Akteure im sozialen Feld Schule: die Eltern. Diese befinden sich in den meisten Fällen zwar nicht häufig im Raum (im Sinne des Orts Schule) der Schule, jedoch ist das soziale Feld der Schule kein Begriff der sich örtlich eingrenzen lässt. Das bedeutet, dass sich das Feld der Schule auch auf das Handeln erweitern lässt, das sich auf das Feld der Schule bezieht. Dies sind zum Beispiel Tätigkeiten, die dem Kind helfen sollen, in der Schule die geforderten Leistungen zu erfüllen. Konkret kann dies die Betreuung bei den Hausaufgaben oder die Unterstützung in Form von Nachhilfeunterricht sein. Zusammengefasst die Gesamtheit der Praktiken, welche den Schüler*innen bei der Anhäufung des von dem sozialen Feld der Schule erwarteten kulturellen Kapitals verhelfen (vgl. De Moll 2018: S. 76f.).

4.2 Der primäre und sekundäre Habitus

In den folgenden Kapiteln werden die Begriffe des primären und sekundären Habitus in Erscheinung treten. Aus diesem Grund folgt in diesem Kapitel eine kurze Begriffserklärung der beiden Begriffe.

Da es sich bei der Erzeugung von dauerhaften Dispositionen, so wie es beim Habitus der Fall ist, um einen Prozess handelt, der nicht mehr rückgängig machbar ist, ist der in der ersten Erziehung entwickelte primäre Habitus die Basis für alle sich später entwickelnden Habitus-Konzepte. Der primäre Habitus resultiert aus der ersten pädagogischen Erziehung, die in der Regel in der Familie stattfindet. Er wird auch als familial erzeugter Habitus bezeichnet. Der sekundäre Habitus, wird im Gegenteil zum primären nicht in der Familie, sondern in der Schule entwickelt. Daher wird er auch als schulischer Habitus bezeichnet. Dieser schulische Habitus ist dabei als „feldspezifischer Habitus" (Kramer 2017: S. 193) zu verstehen, da er die Anforderungen und Erwartungen des sozialen Felds der Schule vereint. Der primäre und sekundäre Habitus stehen in einem besonderen Verhältnis, weil sich der sekundäre Habitus mit der Basis des primären Habitus vereinen muss, da der primäre Habitus der Ursprung für die weiteren Herausbildungen des Habitus ist. Das hat zur Folge, dass der Erfolg der schulischen

Erziehung, also dem sekundären Habitus, abhängig von dem zuvor entwickelten familialen Habitus ist. Das bedeutet, dass die Erziehung in der und durch die Schule, nach Boudon und Passeron, nicht bei allen Schüler*innen den gleichen Effekt haben soll. Ausschlaggebend für den Erfolg der schulischen Erziehung ist die Vereinbarkeit des bereits vorhandenen primären und des neu herauszubildenden sekundären Habitus. Die Übereinstimmung dieser beiden Habitus-Konzepte wird kulturelle Passung genannt (vgl. Kramer 2017: S. 192f.).

4.3 Die Folgen der Unterschiedlichkeit in der kulturellen Passung

Aus den Annahmen der kulturellen Passung folgt, dass die durch die Erwartungen im Feld der Schule bestimmte Schüler*innen schon von Beginn der Schulzeit an in ihrer Chancengleichheit benachteiligt werden, da die Schule den kulturellen Habitus der oberen Mittelschicht erfordert. Das vor der Schulzeit erworbenen kulturelle Kapital wird unterschiedlich belohnt, je nachdem, wie stark der primäre Habitus mit dem Habitus der Schule, dem sekundären Habitus, übereinstimmt. Anders ausgedrückt: „Unterschiedliches kulturelles Kapital wird in ungleiches schulisches Kapital" (Kramer 2014: S. 188) transformiert, da es entscheidend ist, ob der primäre Habitus, mit dem die Schüler*innen ihre Schulzeit beginnen, möglichst deckungsgleich mit dem kulturellen Habitus der Schule, also mit dem Habitus der privilegierten Schichten ist. Diese unterschiedlichen Passungskonstellationen bewirken, dass die Privilegierten aufgrund der kulturellen Passung weniger Probleme mit der Art und Weise der Wissensvermittlung haben. Für unterprivilegierte Schüler*innen ist das schulische Feld ein Feld mit einem, für sie noch fremden, geforderten Habitus. Dieser neue Habitus lässt sich, wie bereits beschrieben, nicht einfach ohne weiteres übernehmen. Die Schule zielt auf die Erzeugung eines bestimmten sekundären Habitus ab. Jedoch muss dieser mit dem primären, in der Familie erworbenen Habitus, vereinbar sein, um problemlos in die Gesamtheit des inkorporierten Habitus-Konzeptes einer Person integriert werden zu können. Da der Habitus der ersten Erziehung die Basis für alle weiteren Teile des Habitus ist, muss der schulische Habitus am primären ansetzen. Die Schülerinnen und Schüler mit dem privilegierten, in der Schule geforderten primären Habitus, werden durch die Schule in der Entwicklung des sekundären Habitus bestärkt und weiterentwickelt. Die Schüler*innen, bei denen der Abstand zwischen dem primären und geforderten sekundären Habitus größer ist, werden aufgrund der weniger starken Vereinbarkeit der primären und sekundären Erziehung in ihrer Habitus-Entwicklung und ihrer erfolgreichen Schullaufbahn benachteiligt (vgl. Kramer 2014: S. 187-189).

4.4 Die Funktion der Schule bei der Reproduktion von Bildungsungleichheiten

Bourdieu und Passeron behaupten, dass die Funktion der Schule nicht die Überlieferung von Wissen, sondern die Erhaltung bestehender Privilegien sei. Schulen sollen dabei helfen, die ungleiche Ausstattung von kulturellem Kapital zu sanktionieren und dadurch Bildungsungleichheiten zu reproduzieren. Die Schule gehe nicht ihrer Aufgabe der Erziehung und Bildung nach, sondern selektiere die Schüler*innen nur nach sozialem und kulturellem Habitus. Im Gegensatz zu den Privilegierten in der Schule, die durch ihre primäre Erziehung gut auf die weitere Habitus-Entwicklung in der Schule vorbereitet sind, müssen sich weniger privilegierte Schüler*innen gezwungenermaßen von ihrem primären Habitus, also ihrer kulturellen Herkunft, distanzieren, um eine erfolgreiche, jedoch trotzdem in ihrem Erfolg benachteiligte Schullaufbahn ablegen zu können. Dadurch, dass das Schulsystem alle Schüler*innen gleichbehandelt, werden kulturelle Ungleichheiten, die ihren Ursprung in der primären Erziehung haben, sanktioniert, da das Schulsystem nur die Habitusformen der oberen Mittelschicht belohnt. Schüler*innen, die einen anderen Habitus verkörpern, haben in Feld der Schule kulturelle Defizite, welche sich negativ auf ihren Bildungserfolg ausüben und in einigen Fällen sogar zum selbständigen Austritt aus dem Bildungszweig führen. Ein Problem dabei ist, dass dieser Selbstaustritt gesellschaftlich legitim erscheint, da es sich um eine eigene Entscheidung der austretenden Person handelt, aber das Versagen des Systems dabei im Verborgenen bleibt (vgl. Becker 2011: S. 483f.).

5. Auswirkungen der primären Herkunftseffekte auf die Bildungsungleichheit

Bei den primären Herkunftseffekten geht es grundlegend um Investitionen, die in einem bestimmten Zeitraum in die Bildung des Kindes gesetzt werden. Der Lernerfolg resultiert aus diesen vielen unterschiedlichen Investitionen, durch die sich die Kompetenzen des Kindes weiterentwickeln sollen. Die Entscheidungen für eine der vielen Investitionsmöglichkeiten wird in Abhängigkeit mit den Ressourcen, welche die Eltern zur Verfügung haben, getroffen. Die Möglichkeiten, das Kind im Lernerfolg zu unterstützen, sind zum einen von dem ökonomischen Kapital der Eltern abhängig, da das Investieren in die Bildung der Schüler*innen oft mit Kosten verbunden ist. Auf der anderen Seite beeinflusst auch die Ausstattung an kulturellem Kapital auf die Investitionsmöglichkeiten der Eltern. Zudem wirkt auch der erwartete Nutzen der Bildungsinvestitionen auf die Entscheidung der Eltern, eine Investition tätigen zu wollen (vgl. Kristen & Dollmann 2012: S. 107).

5.1 Unterschiede in der Förderung des Lernerfolgs

Kinder aus der oberen Mittelschicht erhalten aufgrund der günstigeren Ausstattung von ökonomischem, kulturellem und sozialem Kapital im Elternhaus bessere Lernbedingungen als Kinder, die nicht der oberen Mittelschicht angehören. Eltern, die der oberen Mittelschicht angehören, können einerseits aufgrund ihrer ökonomischen Ressourcen für ein vorteilhaftes Lernumfeld sorgen, indem sie beispielweise in zusätzliche Lernmaterialien oder einen Nachhilfelehrer investieren. Sie sind durch ihre ökonomischen Mittel allgemein eher in der Lage, über Bildungsinvestitionen nachdenken zu können, als Eltern, die den unteren Sozialschichten angehören und deren Ausstattung an ökonomischem Kapital begrenzt ist. Ebenfalls haben sie durch ihre vorteilhafte Ausstattung an kulturellem Kapital selbst einen höheren Bildungsweg gewählt oder Wissen über das Bildungssystem erlangt und können ihren Kindern aufgrund dieser Erfahrungen geeignete Lerngewohnheiten vermitteln, welche ihre Kinder in ihrem selbstregulierten Lernen unterstützen können. Zudem können Eltern, die eine hohe Ausstattung an institutionalisiertem Kulturkapital haben, ihre Kinder mithilfe ihrer eigenen Erfahrungen besser in ihrer Lern- und Bildungsmotivation fördern als Eltern, die keine eigenen Erfahrungen mit dem Erwerb von Bildungszertifikaten haben. Diese Folgen für die Bildungsförderung und Motivation, die aus den Unterschieden in den ökonomischen und kulturellen Voraussetzungen der Eltern entstehen, sorgen dafür, dass Kinder unterschiedlicher Sozialschichten nicht dieselben schulischen Startvoraussetzungen haben und die Kinder der oberen Mittelschicht somit bessere Schulleistungen aufweisen (vgl. Becker 2009: S. 106).

5.2 Die Bedeutsamkeit der Sprache

Die Nachteile die sich für die Kinder aus den unteren Sozialschichten durch die primären Herkunftseffekte ergeben, werden weiter verstärkt, wenn diese zudem Probleme mit Sprachkenntnissen aufweisen. Diese Schwierigkeiten haben besonders Zugewanderte, oder Kinder und Jugendliche, deren Eltern die Sprache des Aufnahmelandes nicht oder nicht ausreichend beherrschen und deswegen ihre Kinder beim Erlernen der Sprache nicht optimal unterstützen können. Aufgrund der sprachlichen Defizite verschlechtern sich die Startvoraussetzungen der Schüler*innen immens, da das Beherrschen der die Hauptvoraussetzung für eine erfolgreiche Schullaufbahn ist. Im Unterricht erfolgt die Vermittlung der Lerninhalte „in Form einer Unterweisung über sprachliche Kommunikation" (Becker & Schubert 2011: S. 165). Wenn die Schüler*innen keine ausreichenden sprachlichen Fähigkeiten besitzen, wird ihr Bildungserwerb und ihre Lerneffizienz drastisch verschlechtert.

Hinzukommt, dass das Lernen von Sprachen stark von der individuellen Lernmotivation abhängt. Die Entwicklung dieser eigenständigen Lernmotivation wird, wie im vorherigen Kapitel beschrieben, stark von den Möglichkeiten der Förderung und Motivation der Eltern beeinflusst. Das bedeutet, dass das Aufholen von sprachlichen Defiziten von Kindern aus unteren Sozialschichten, durch die vergleichsweise eingeschränkte Lernförderung und Bildungsmotivation in ihrem Lernumfeld, die ihren Ursprung in den begrenzten (kulturellen) Ressourcen der Eltern hat, zusätzlich erschwert wird (vgl. Becker & Schubert 2011: S. 165).

6. Auswirkungen der sekundären Herkunftseffekte auf die Bildungsungleichheit

Bei den Auswirkungen der sekundären Herkunftseffekte geht es grundlegend um Bildungsentscheidungen der Eltern, die an unterschiedlichen Punkten des Bildungssystems, zum Beispiel beim Übergang von der Grundschule in die Sekundarstufe, getroffen werden. Bei der Wahl der Bildungswege werden Kosten und Nutzen subjektiv bewertet. Dabei werden, wie schon im früheren Teil dieser Arbeit angedeutet, die schichtspezifischen Bildungsentscheidungen von unterschiedlichen Faktoren beeinflusst. Zu diesen Faktoren gehören die soziale Position der Eltern, ihre Ressourcenausstattung und das verfügbare Wissen über das Bildungssystem. Wie diese Faktoren die Bildungsentscheidungen der Eltern beeinflussen, soll im Folgenden erläutert werden.

6.1 Bildungsentscheidungen in Abhängigkeit zur sozialen Position

Die Bildungsentscheidungen unterschiedlicher Schichten sind mit verschieden starkem Aufwand verbunden. Dies hat mit der sozialen Position der Eltern und ihrer Kinder zu tun. Die Individuen und Eltern unterer Sozialschichten haben aufgrund ihrer „sozialen Distanz zum System höherer Bildung" (Becker 2009: S. 107) höhere Kosten bei der Wahl bestimmter Bildungszweige, als Eltern der oberen Mittelklasse. Angehörige der unteren Sozialschichten müssen mehr Ressourcen aufbringen, um sich für einen höheren Bildungsweg zu entscheiden. Für die obere Mittelschicht sind die zu erwartenden Kosten eines höheren Bildungsweges niedriger. Zum Beispiel ist die soziale Distanz einer Akademiker-Familie zum Hochschulsystem weitaus geringer, als die einer Familie der unteren Sozialschichten, da sie mit dem System der Hochschule vertraut ist und sich möglicherweise auch mit diesem identifiziert. Dadurch ergeben sich für Individuen unterschiedlicher Sozialschichten verschiedene Bildungsziele, weil sie sich aufgrund ihrer schichtspezifischen sozialen Distanz bei höheren

Bildungswegen in den aufzubringenden Kosten unterscheiden. Ein weiterer Unterschied liegt im schichtspezifischen Statuserhaltungsmotiv. Mitglieder bestimmter Sozialschichten müssen demnach unterschiedlich hohe Investitionen tätigen, um ihr Statuserhaltungsmotiv befriedigen zu können. Eltern der mittleren und höheren Sozialschichten müssen größere Investitionen in ihre Kinder tätigen, damit diese den Status der Familie zumindest beibehalten. Mitglieder unterer Sozialschichten sind nicht auf den Status höherer Bildungswege angewiesen, um das Statuserhaltungsmotiv zu befriedigen (vgl. Becker 2009: S. 107f.).

6.2 Bildungsentscheidungen in Abhängigkeit vom Wissen über das Bildungssystem

Ein weiterer Faktor, welcher die Bildungsentscheidungen der Eltern beeinflusst, ist das Wissen über das Funktionieren des Bildungssystems. Dieses Wissen ist Teil des inkorporierten Kulturkapitals und somit schichtspezifisch ungleich verteilt. Wie bereits erwähnt, besitzen Eltern oberer Sozialschichten eine größere Ausstattung an kulturellem Kapital als Eltern unterer Sozialschichten. Dieses kulturelle Kapital in Form von Wissen ist vor allem an Bildungsübergängen von großem Wert, wie dem Übergang von der Primarstufe in die Sekundarstufe oder dem weiteren Bildungsweg nach dem Ende der Schulzeit. Eltern, die über dieses kulturelle Kapital verfügen, in dem sie sich das Wissen angeeignet oder durch eigene Erfahrungen inkorporiert haben, können die Entscheidungen für die weiteren Bildungswege ihrer Kinder viel realistischer abschätzen als Eltern, die nicht über dieses Wissen verfügen. Aufgrund dieses Wissensvorsprungs werden höhere Bildungswege für Kinder oberer Sozialschichten, selbst bei gleichen Leistungen, ein kleineres Problem darstellen als für Kinder, dessen Eltern aufgrund ihrer geringeren Ausstattung an kulturellem Kapital, nicht über dieses Wissen verfügen. Besonders gravierend sind diese Unterschiede im Wissen über das Bildungssystem, wenn dieser Effekt der sozialen Herkunft auf Kinder von Zuwandererfamilien übertragen wird. Die Eltern sind in diesen Fällen oft noch weniger mit dem Bildungssystem des Ankunftslandes vertraut, da sie ihren Bildungsweg in ihrem Heimatland absolviert haben. Wenn sich das vertraute Bildungssystem stark von dem neuen System unterscheidet und sich nicht eigenständig darüber informiert wird, können die schulischen Leistungen der Kinder nur schwer von den Eltern eingeschätzt werden. Dadurch werden die Möglichkeiten, das Kind beim Umgang und der Wahl des geeigneten Bildungswegs zu unterstützen, stark eingeschränkt (vgl. Kristen & Dollmann 2012: S. 111).

7. Fazit

Diese Arbeit hat mithilfe zwei unterschiedlicher Perspektiven die Entstehung und Reproduktion von Bildungsungleichheiten in der Schule untersucht. Dabei wurden zum einen die Ansätze von Pierre Bourdieu zur Kapitaltheorie und zum Habitus, zum anderen die Unterscheidung Boudons zwischen den primären und sekundären Herkunftseffekten als Erklärungsansatz verwendet. Obwohl Boudon als Vertreter des Rational-Choice-Ansatzes Bourdieus Position gegensätzlich gegenübersteht, lassen sich die beiden Theorien im Blick auf die Erklärung von sozialen Bildungsungleichheiten gut miteinander kombinieren und die Herkunftseffekte Boudons sogar aus den Ressourcen der Kapitalarten Bourdieus ableiten.

Zusammengefasst sind nach Pierre Bourdieus Ansatz soziale Bildungsungleichheiten in der Schule das Resultat der schichtspezifischen Vererbung von Kulturkapital. Da die Ausstattung und Verteilung des Kulturkapitals schichtabhängig sind, unterscheidet sich auch der kulturelle Habitus der Sozialschichten. Daraus entstehen ungleiche Eintrittsbedingungen in das Schulsystem, weil die Schule den kulturellen Habitus der oberen Mittelschicht erfordert und der primäre Habitus der unteren Sozialschichten eine geringere Kompatibilität mit dem schulischen Habitus aufweist, als die erste Erziehung der oberen Sozialschichten. Zudem werden kulturelle Ungleichheiten im Bildungssystem sanktioniert, weil die Schule nach dem Prinzip formaler Gleichheit handelt, obwohl Unterschiede im kulturellen Kapital vorhanden sind. Dies hat zur Folge, dass die ungleichen Startbedingungen aufrechterhalten werden und die Schule einen Beitrag zur Entstehung und Reproduktion sozialer Bildungsungleichheit leistet.

Im theoretischen Ansatz Boudons sind soziale Bildungsungleichheiten das Ergebnis des Wechselspiels primärer und sekundärer Herkunftseffekte. Der primäre Herkunftseffekt besteht aus den Investitionen der Eltern, die sie in die Bildung ihres Kindes legen. Diese Investitionen bestehen aus der langfristigen, elterlichen Anregung und Förderung des Lernprozesses der Kinder. Dieser Effekt kann als elterliche Anregungs- und Förderungsmechanismen in Bezug auf das Lernen und Bilden der Kinder zusammengefasst werden. Dadurch, dass sich die Sozialschichten in ihren verfügbaren Ressourcen, also in ihrer Ausstattung an ökonomischem, sozialem und kulturellem Kapital unterscheiden, besitzen sie auch unterschiedliche Voraussetzungen in ihren Förderungsmöglichkeiten. Dies hat zur Folge, dass Schüler*innen aus den oberen Sozialschichten stärker gefördert werden können und dadurch in der Schule bessere Leistungen erbringen. Dieser primäre Effekt steht im Wechselspiel mit dem sekundären Herkunftseffekt, welcher die schichtspezifischen Unterschiede in der Bewertung von Bildungswegen bezeichnet. Dadurch, dass untere Sozialschichten durch ihre geringere

Ausstattung an kulturellem und sozialem Kapital zum einen weniger Wissen über das Bildungssystem und zum anderen eine größere soziale Distanz zu höheren Bildungswegen aufweisen, haben sie, im Vergleich zu Angehörigen der oberen Sozialschichten, nicht die nötigen Ressourcen um Bildungsentscheidungen geeignet miteinander vergleichen zu können. Somit erklärt das Zusammenspiel der schichtspezifischen Unterschiede, zum einen in den Förderungsmöglichkeiten und zum anderen in der Bewertung von Bildungsentscheidungen die Entstehung und Reproduktion von sozialer Bildungsungleichheit in der Schule.

Literaturverzeichnis

Becker, R. (2004): Soziale Ungleichheit von Bildungschancen und Chancengleichheit. In: Rolf Becker & Wolfgang Lauterbach (Hrsg.): Bildung als Privileg? Erklärungen und Befunde zu den Ursachen der Bildungsungleichheit. Wiesbaden. S. 169-170.

Becker, R. (2009): Entstehung und Reproduktion dauerhafter Bildungsungleichheiten. In: Rolf Becker (Hrsg.): Lehrbuch der Bildungssoziologie. Wiesbaden. S. 106-108.

Becker, R. (2011): Ausgewählte Klassiker der Bildungssoziologie. In: Rolf Becker (Hrsg.): Lehrbuch der Bildungssoziologie (2. Aufl). Wiesbaden. S. 482-484.

Becker, R. & Schubert, F. (2011): Die Rolle von primären und sekundären Herkunftseffekten für Bildungschancen von Migranten im deutschen Schulsystem. In: Rolf Becker (Hrsg.): Integration durch Bildung. Bildungserwerb von jungen Migranten in Deutschland. Wiesbaden. S. 165.

Bourdieu, P. (1983): Ökonomisches Kapital, kulturelles Kapital, soziales Kapital. In: Reinhard Kreckel (Hrsg.): Soziale Ungleichheiten. Göttingen. S. 185-192.

De Moll, F. (2018): Familiale Bildungspraxis und Schülerhabitus. Außerschulische Reproduktionsmechanismen von Bildungsungleichheit in der Grundschule. Basel.

Fröhlich, G. & Rehbein, B. (2009): Bourdieu Handbuch. Leben – Werk – Wirkung. Stuttgart.

Kramer, R.-T. (2013): Abschied oder Rückruf von Bourdieu? Forschungsperspektiven zwischen Bildungsentscheidungen und Varianten der kulturellen Passung. In: Fabian Dietrich, Martin Heinrich & Nina Thieme (Hrsg.): Bildungsgerechtigkeit jenseits von

Chancengleichheit. Theoretische und empirische Ergänzungen und Alternativen zu 'PISA'. Wiesbaden. S. 122-123.

Kramer, R.-T. (2014): Kulturelle Passung und Schülerhabitus - Zur Bedeutung der Schule für Transformationsprozesse des Habitus. In: Werner Helsper, Rolf-Torsten Kramer & Sven Thiersch (Hrsg.): Schülerhabitus. Theoretische und empirische Analysen zum Bourdieuschen Theorem der kulturellen Passung. Wiesbaden. S. 187-189.

Kramer, R.-T. (2017): „Habitus" und „kulturelle Passung". Bourdieusche Perspektiven für die ungleichheitsbezogene Bildungsforschung. In: Markus Rieger-Ladich & Christian Grauba (Hrsg.): Pierre Bourdieu: Pädagogische Lektüren. Wiesbaden. S. 187; S. 192-195.

Kristen, C. & Dollmann, J. (2012): Migration und Schulerfolg: Zur Erklärung ungleicher Bildungsmuster. In: Michael Matzner (Hrsg.): Handbuch Migration und Bildung. Weinheim & Basel. S. 107; S. 111.

Nauck, Bernhard (2011): Kulturelles und soziales Kapital als Determinante des Bildungserfolgs bei Migranten? In: Rolf Becker (Hrsg.): Integration durch Bildung. Bildungserwerb von jungen Migranten in Deutschland. Wiesbaden. S. 74; S. 77.